Quiero una noche azul

Magaly Quiñones

Ilustraciones de Stephanie Lee Silva del Toro

Quiero una noche azul

Para mi sobrino Joshua Rodríguez, quien inspiró estos versos.
Para Stephanie y para todos los niños que aman y disfrutan la poesía.

Les quiere, Magalia

I Want a Blue Night

To my nephew Joshua Rodríguez, who inspired these poems.
To Stephanie and to every child who loves and enjoys poetry.

Love, Magalia

MENSAJE PARA EL LECTOR

Aunque no es fácil adivinar quién leerá este libro, espero que, si todavía eres niño, lo leas antes de crecer. Lo escribí para ti, pensándote; recordando lo que sentía cuando era niña; mirando, como tú miras. Sin olvidar que nadie en el mundo sabe tanto de los riesgos del diario vivir como los niños. Tal como te ocurre a ti día a día, yo aprendí y crecí. ¡Parece que aprender y crecer van de la mano! Sin embargo, todavía no termino de crecer como ser humano. Sé que te parezco grande, pero, con el paso de los días –incluso hoy– siempre adquiero un conocimiento nuevo. A ti te pasa igual –y te continuará pasando a lo largo de toda la vida–. Por eso, te invito a leer este libro y a crecer conmigo. En él te esperan nuevos amigos: Magalia –que soy yo y escribí para ti–, Stephanie –que dibujó sobre lo que escribí– y Joshua, nuestro compañero de aventuras. Él es quien hace todas las preguntas que pueden ocurrírsele a un niño. *Quiero una noche azul* te ofrece experiencias variadas, tal vez desconocidas para ti. Te prometo que serán agradables. ¡Y que conste que no acostumbro a hacer promesas en vano! Acompáñanos. Magalia, Stephanie y Joshua, tus nuevos amigos, te invitamos a recorrer el mundo extraordinario de la poesía.

MESSAGE TO THE READER

Although it is not easy to guess who will read this book, I hope that if you are a child, you'll read it before you grow up. I wrote it for you, thinking about you, trying to remember how I felt when I was a child, trying to look at things through your eyes. I know that there is nobody in the world who knows more about the risks of daily life than children. As it happens to you, I learned and grew up. It seems that growing up and learning go together. But it so happens that I am still growing. Though I may look grown up, I am not. As days go by, I keep learning new things. I am sure that the same thing happens to you, and it will be like that for the rest of your life. That is why I am inviting you to grow along with me while reading this book. Within it, new friends await you: Magalia –that's me, who wrote the poems for you–, Stephanie –who made the illustrations– and Joshua, our playmate. He is the one who asks all the questions that a child could think of. In this book you'll find new and diverse experiences. Some might be unknown to you yet, but I know they will be pleasant. I never make false promises and neither do I lie. Magalia, Stephanie and Joshua, your new friends, welcome you as you enter the unique world of poetry.

Tabla de contenido

UN DÍA DE PLAYA

Esta mañana, en la arena,
en ésa que llaman la playa,
dibujamos una cueva
y la llenamos de agua.

Había otras cuevas pequeñas
con cangrejitos y arañas.
La nuestra era la más grande,
tan grande como una sábana.

¡Qué lindo el día, el día de playa,
caliente y soleado, cerquita del agua!

El sol, vestido de rojo,
desde el cielo nos miraba.
El mar, vestido de azul,
espumoso en su oleaje,
se mecía sin coraje.

Para conquistar la arena
usamos dos cubos, dos palas
y un rastrillo de hojalata.

Apisonamos el suelo
y –entre cristales de agua–
caracoles, minerales,
estrellas, rocas y cuarzos se juntaban.
Armamos puentes, volcanes,
banderas, torres y espadas,
castillos con sus princesas
y mil cosas encantadas.

¡Y qué lindo el día, el día de playa,
caliente y soleado, cerquita del agua!

MI PARQUE

Dos fuentes, yerba abundante,
columpios, rampas y flores,
elefantes, caballitos de madera,
aves, árboles, sonidos y mil colores,
tiene mi parque.

Allí respiro el aroma y la frescura del aire.
Montado en el subibaja, balanceándome hasta el cielo,
me siento libre y gigante.
¡Qué alegrías me da mi parque!
Mi trompo baila gozoso. Se desliza suavecito,
sin piedras que lo acobarden o que interrumpan su baile.
Y si voy con mi pelota, ¡qué gusto!
¡Qué cortas son las horas!
¡Soy el mejor!
Si la lanzo derechito a las estrellas,
no hay viento que la rechace.

Allí me espera la almendra, protegida tras la pulpa,
que es su traje.
La araña teje castillos y el camaleón se disfraza,
hasta que miro despacio, despacito, y lo descubro
mezclado con el paisaje.

Allí encuentro mil amigos, niñitos de todas partes
vienen a jugar conmigo.
Y si llega el heladero, ¡piña, coco, tamarindo,
copos de parcha o vainilla!, en vasitos o en barquillas,
endulzan todas mis tardes.

¡Qué alegrías me da mi parque!
Cuando oigo decir a mamá
que el parque es para los niños,
no quiero volverme grande.

LECCIÓN DE LLUVIA

En una tarde de invierno,
un día de lluvia con sol,
me pareció ver a un genio
sobre el ala de un avión.

Vi nubes como serpientes,
un fantasma entre sus sábanas,
conejos y gallinitas, y a un mago con su varita
bajo un sombrero de escarcha.

Seguí mirando, mirando,
nubes densas, nacaradas.
Algunas me hacían burla, y otras
grises, enojadas, bostezaban.

Entonces vi, suspendido,
como un arco entre pilares,
un cinturón colorido: verde, naranja, amarillo,
azul, rosado, violeta, luminosos cristalitos
por caminitos de agua.

–Y, ¿qué es el arcoiris?
–Arco de lluvia lo llaman. Aparece cuando el sol,
colándose entre las nubes, refleja luz sobre el agua.
Y nacen siete colores que, en la bóveda del cielo,
se desplazan.

–¡Qué bonitas son las nubes,
y qué mágica y sencilla
es la lluvia y su canción!
Al ver tanta maravilla, siento que Dios se sonríe
dentro de mi corazón.

EL RELOJ, UN NUEVO AMIGO

–Hoy, porque es día de fiesta,
te presentaré a un amigo:
es el que marca las horas,
estés despierto o dormido.
Se llama reloj, y tiene tres agujas,
una esfera y doce números fijos.

–Y, para lograr que cuente, ¿qué le digo?
–Obsérvalo bien de cerca: siempre gira a la derecha.
Pronto entenderás su ritmo.

–Y, ¿sabe jugar? –No, no juega, sólo cuenta.
Lo que vives, lo que haces, lo divide en pedacitos
y va ordenándolo todo.
Te dirá cuándo es la hora de dormir o levantarte,
de comer o de bañarte, o de correr a la escuela.

–Y, ¿no duerme? –No, no duerme, siempre vela.
Dos de sus agujas marcan minutos y horas.
La tercera, más veloz y más pequeña,
va contando los segundos.
Noches, días, meses, años, inviernos y primaveras,
todo cabe en esa cuenta.

–Había oído que Papá dice que su tiempo vuela.
Y ahora, escuchándote a ti, entiendo que el tiempo es
como muchas hormiguitas que trabajan en silencio.
Aunque debe estar cansado, estoy feliz
de tenerlo como amigo, porque, como dice un cuento,
todo resultará simple si aprendo a medir mi tiempo.

MIS AMIGOS

José, Gustavo, Isaías,
Tito, Miguel, Marianita,
Nilsa, Michelle y Manuel
son mis mejores amigos.
Los conozco y, de ellos, sé todo:
dónde viven, dónde estudian,
su platillo favorito... En resumen,
–como dice mi maestra– lo importante.

Lo bueno es jugar con ellos.
No me aburro y me divierto
porque ellos son los que saben.
José, Gustavo e Isaías
para mí son los primeros;
mis héroes, mis campeones.
Son los que, mientras se cumplen
los años que me harán grande,
siguen creciendo conmigo.

AMIGOS

A ellos les doy mis canicas, mis juguetes,
sin que duela.
Tito, Miguel y Marianita
son mis hermanitos grandes.
Cuentan historias distintas,
me ofrecen de lo que comen,
y me quieren y me cuidan,
y yo los cuido y los quiero.
Nilsa, Michelle y Manuel
Y todos son mis amigos;
los mejores, los que saben.
Los conozco y, de ellos, sé todo:
lo que inventan, lo que sueñan,
lo que los hace especiales,
–como dice mi maestra– lo importante.

¿DE DÓNDE VIENEN LOS NIÑOS?

Hoy le pregunté a Mamá,
de dónde vienen los niños.
Si es verdad que la cigüeña
los trae cosidos al pico
o es que vienen de las nubes,
y los traen los angelitos.

Mamá se quedó callada. Pasado un rato me dijo:
–Querido, los niños nacen de dos semillas pequeñas
que papá y mamá poseen muy cerquita del ombligo.
Si las semillas se juntan, se va creando un huevito
que mamá carga en el vientre
por nueve meses seguidos.

En su cunita de carne, protegido y calientito,
el bebé se pone grande, se va formando a poquitos.
Y va creciendo, creciendo,
hasta que un día de fiesta mamá siente un dolorcito
y, por sus piernas abiertas, luchando por ver el mundo,
sale su niño bonito.

Así, mamá gallina; así, mamá pececita;
mamá cigüeña, mamá tortuga, mamá gatita...
y muchas madres bonitas cargan en sus cuerpecitos
dos semillas de cariño y, de ahí, vienen los niños.
¿Quieres saber algo más? –No, Mamá, ya lo sé todo.
Y, antes de que se me olvide, voy a contarle a Papá.

EL NIÑO Y EL MIEDO

No le temo ni al viento ni a la sombra,
porque ya sé que el miedo
sólo está ahí para el que quiera verlo.
Y yo, no quiero.

Cuando era pequeñito, tenía miedo de todo:
de monstruos y de arañas,
de fantasmas y de entierros.
Y si llegaba octubre, y en la escuela
nos hablaban del Día de las Brujas,
me acobardaba; me arropaba el miedo:
miedo a quedarme solo, miedo al silencio.

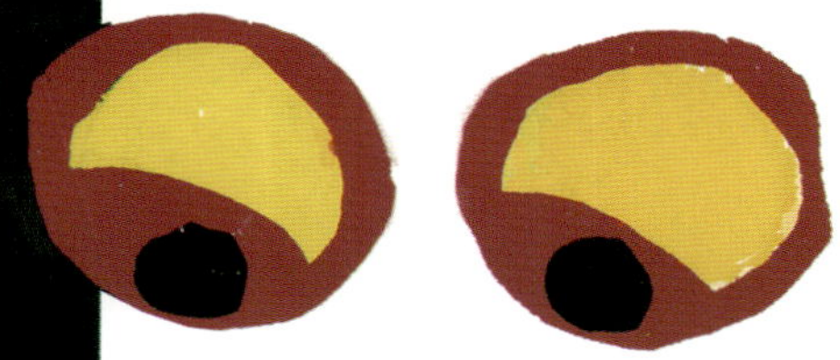

Antes, sentía miedo en las casas oscuras
veía dientes y hocicos rodando por la Luna,
culebras en los árboles, huecos en los espejos.
No sabía que siempre hay ojos que nos cuidan;
palabras dulces, duendecitos buenos
que velan nuestro sueño.
Ahora, ya no soy tan pequeñito,
estoy creciendo
y cada vez me asusto menos.
Cuando voy a dormir pienso en algo bonito,
en sonidos alegres, en el abrazo de un amigo bueno.
Ahora no le temo ni al viento ni a la sombra;
ya no queda lugar para el miedo,
porque ya he decidido que no existe,
y si existe, no quiero verlo.

ADIVINANZA

No es orilla ni es fondo. Lo cubre todo.
Si hace frío, está frío; si hace calor, está tibio.
Parece un bello castillo de vidrio.
Con él, me río; por él, respiro.
Y... ¿qué es, qué será?
Si no adivinas, te lo digo.

Vive en la oscuridad y en la luz,
en un rincón del parque a solas
o en un parque lleno de niños.
Si la corriente sopla y mueve
su osamenta de cristal,
todo baila con él, todo baila.

Si la lluvia lo empaña,
se duerme en las gotitas de rocío.
Y... ¿qué es, qué será?
Si no adivinas, te lo digo.

No viene ni se va; nadie lo ve y está.
Si lo aspiras, no huele.
Si tratas de tocarlo, no lo tienes.
Pero él está cuando todos se han ido.

Ese hermoso castillo es el aire.
Por él, me muevo; con él, me río;
por sus ventanas transparentes, miro.
El aire que respiras, el aire que respiro.

MIS MASCOTAS

Me gustan los animales y todo lo pequeñito.
Tengo un perro, un gato, un gallo,
un pez, una tortuguita y una rana.
Son mis mascotas queridas.
Juegan conmigo y viven en el patio de mi casa.

Pero eso no es lo importante.
Lo importante es que aprendí
que gallos, gatos y perros
nacen, como yo, en la tierra. Y los peces
y las ranas son animales del agua.
Por eso son diferentes.
Unos corren con patitas;
otros, mueven las aletas.
Unos muerden con los dientes;
otros, engullen y tragan.
Y hasta hay algunos que vuelan
–ésos son los pajaritos (y el gallo, si lo molesto)–,
que no están en la tierra y tampoco en el agua.

Vuelan por el aire como las mariposas y algunas arañas.
Pero eso no es lo importante.
Lo importante es que me quieren.
Cuando notan que yo llego,
tortugas, peces y ranas chapotean en mi pecera.
Lo importante es que los quiero.
Y cuando vuelvo a mi casa, del paseo o de la escuela,
todos corren a besarme, a lamerme,
a acariciarme, a demostrar que me extrañan.

Son mis mascotas queridas.
Sean de aire, sean de tierra, sean de agua,
son mis mejores amigas: nunca me abandonan,
siempre me acompañan.
Juegan conmigo y viven en el patio de mi casa.

SECRETOS DE MI COCINA

Hay cosas que yo no entiendo de la cocina de casa.
Cosas que tienen misterios, cosas que son como mágicas.
Si yo fuera más pequeño, no creería cuando me lo dicen:
que en un cubito de hielo vive un chorrito de agua.

Y, cuando Mamá calienta mi sopa en el microondas,
es difícil entender que en esa caja cerrada
se mueven luces pequeñas, que queman y abrasan todo.
Que si no estuvieran presas en la barriga del horno,
se regarían por la casa sin que nadie las notara.

Cuando como galletitas de canela, de limón
o de chocolate con pasas, estoy comiendo granitos,
pulpa de frutas, corteza de árboles y plantas.

Eso me lo dijo la abuela, y ella sabe lo que dice.
No hay nadie en todo el planeta
que haga mejores galletas que mi abuelita adorada.

No es fácil pensar en eso, pero son cosas que pasan.
En la cocina hay de todo: hay máquinas que calientan,
otras enfrían, trituran, revuelven, tuestan, rebanan...
Hasta hay una que me avisa
cuando la cena está lista, porque hace sonar una alarma.

No es muy fácil entenderlo. Si yo fuera más pequeño,
no les creería nada.
Ahora, porque estoy creciendo, Papá, Mamá y los maestros
me revelan los secretos de la cocina de casa.

AL REVÉS

–¿Qué pasaría en el planeta,
si todo fuera al revés?

–El cielo estaría en la tierra.
La tierra estaría en el cielo.
Caminaríamos entre nubes, pajaritos y luceros;
flotarían nuestros pies.

Si todo fuera al revés,
todos naceríamos grandes
y, de poquito en poquito,
nos iríamos transformando
en seres bien pequeñitos.

–Y, la lluvia, ¿qué pasaría con la lluvia?

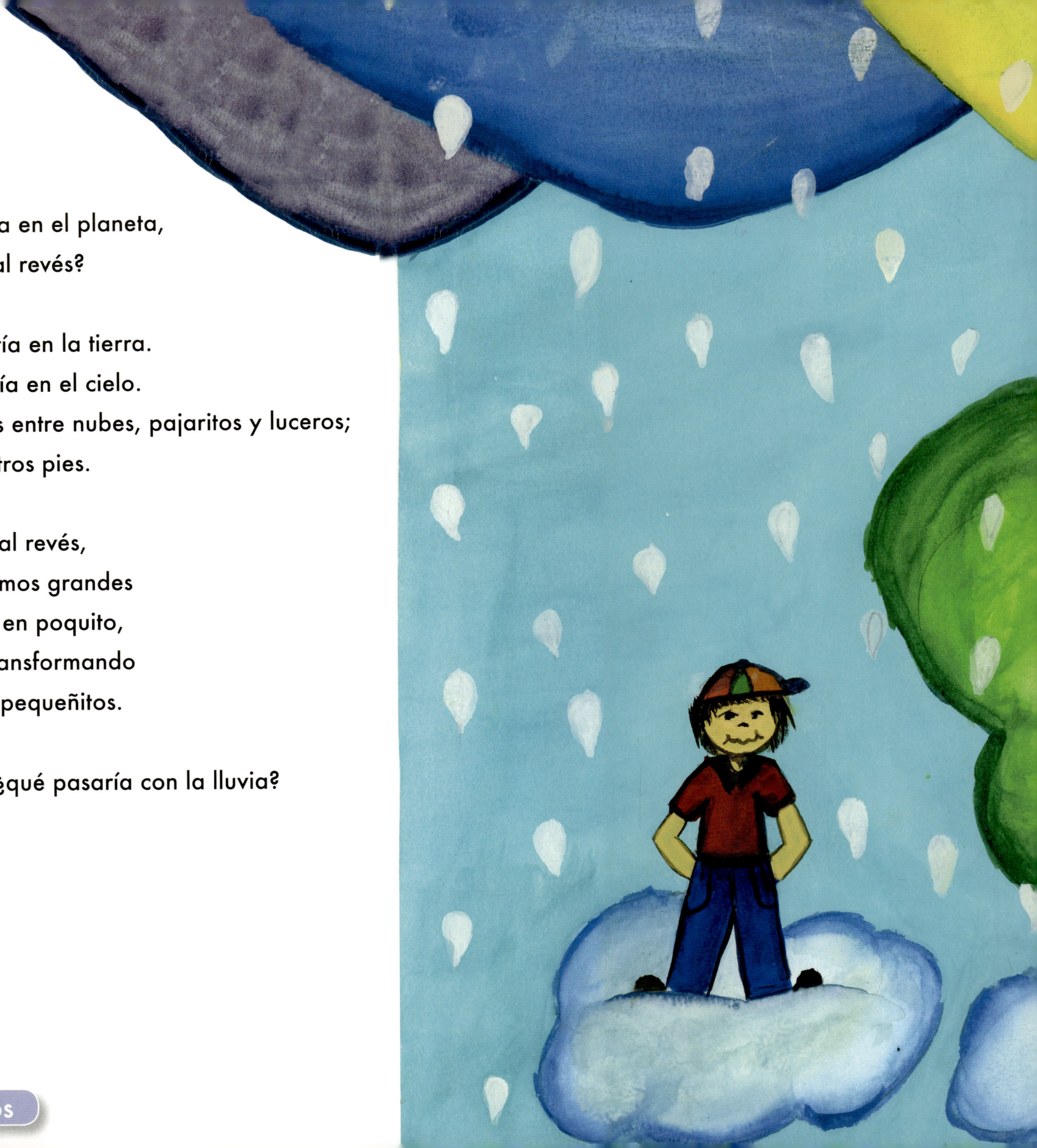

–La lluvia caería hacia arriba;
mejor dicho, subiría. Y lo mismo harían los rayos.
Yerbas, árboles y flores mirarían para abajo,
y sólo veríamos copas y los pétalos sin tallos.

En el parque, en competencias de juegos,
sería mejor no ganar, porque el último en llegar
resultaría vencedor.
Donde hace frío, haría calor;
y donde hace calor, frío.
Todo sería incoloro, silencioso y aburrido.
–Pensándolo otra vez, prefiero que todo sea como es.
Siendo el mundo al revés, sufriría vértigo de la cabeza a los pies.

QUIERO UNA NOCHE AZUL

Ya que se acerca diciembre
y pronto será Navidad,
pues se estarán preguntando
qué me van a regalar.
Yo no sé cómo decirles.
No me lo van a creer.
Es algo tan improbable
como lamerse los pies.

No es un camión de madera,
ni un barco con centinela.
No quiero gafas de sol.
Tampoco quiero un tambor.

Es tan especial lo que quiero,
que no lo venden las tiendas,
no se compra con dinero.

Voy a decirles bajito,
porque alguien me dijo ayer
que si lo digo en voz alta
nunca lo voy a tener.

Yo quiero una noche azul, azulita como el mar;
una noche larga y bella para jugar y jugar.
Jugaré por la mañana, por la tarde; noche y día.
Si tengo una noche azul, siempre tendré la alegría
de jugar a todas horas; y si acaso me da sueño,
guardaré la noche azul debajo de mi almohada.
Al despertar, con su luz, alumbraré la mañana,
y las tardes y las noches y otros días.

Porque no hay nada más triste que una vida sin jugar,
yo quiero una noche azul para jugar y jugar.

Actividades sugeridas

1. Antes de leer los poemas a su niño o niña, muestre la portada y lea el título. Pídale que opine sobre el título y describa cómo imagina una noche azul. Además, lea el Mensaje al lector para introducir a su niño o niña en el mundo mágico de la poesía.

2. Durante la lectura de los poemas, permita que su niño o niña observe y describa la imagen que acompaña cada texto.

3. Lea cada poema con la entonación apropiada. Exprese las emociones que trata el poema –alegría, miedo, satisfacción–. Durante la lectura, haga las pausas señaladas con coma, punto y coma, y punto final. Ponga énfasis en aquellos versos que tienen signos de interrogación y de admiración. De este modo, ayudará a su niño o niña a captar la musicalidad, el ritmo y la métrica intrínseca de cada poema.

4. Al completar la lectura de cada poema, conversen sobre temas relacionados al texto.

   - Si el poema trata sobre lugares naturales –como la playa– destaque los usos que se le dan a estas zonas y dialoguen sobre la importancia de proteger estos recursos naturales.

   - Si el poema trata sobre lugares de entretenimiento –como el parque– explique a su niño o niña la importancia de ejercitarse y divertirse como forma de mantener una salud integral.

- Si el poema trata temas sobre situaciones o emociones propias de la niñez –como el miedo a la oscuridad–, aproveche la oportunidad para conocer emociones personales que tiene su niño o niña. Al hablar sobre la situación, inicie explicando que esas emociones son naturales y que usted mismo las sintió en algún momento, y que logro superarlas poco a poco. Ayude a su niño o niña a no sentir vergüenza de expresar lo que siente.

5. Después de leer, anime a su niño o niña a elegir un tema de su agrado y a escribir un poema breve sobre éste. Use el diccionario y ayude a encontrar palabras adecuadas, que expresen lo que su niño o niña quiere decir. Enséñele cómo usar el diccionario y sugiérale que busque palabras que riman con las que ya tenga.

   Solicite a su niño o niña que haga un dibujo a colores para que complemente su poema. Lea los datos biográficos de la ilustradora y destaque su edad. Pregunte a su niño o niña si siente alguna inquietud artística particular y busque alternativas para cultivar ese talento.

I Want a Blue Night

Magaly Quiñones

Illustrations by Stephanie Lee Silva del Toro

Table of Contents

A DAY AT THE BEACH

This morning, at the beach,
we drew a circle in the sand,
dug a hole and filled it with sea water.
We noticed small burrows
made by spiders and land crabs,
but ours was the biggest one,
as big as a blanket.

What a pretty day, a beach day,
sunny and warm, near the water!

The Sun, dressed in red,
looked at us from the sky.
The Sea, dressed in blue,
with its foamy breaking waves
kept rocking confidently.

To shape and mold the sand
we used two shovels, two pails
and a tin rake.
We packed down the ground,
sea stars, minerals,
tiny rocks and quartz,
among water crystals,
joined all together.
We built bridges, flags,
towers, volcanoes, swords,
a sand castle with its princess,
and a thousand magical objects.

And what a pretty day, a beach day,
sunny and warm, near the water!

MY PARK

My park has two fountains, plenty of grass,
swings, slides, flowers,
wooden horses, elephants,
birds, trees, sounds, and thousands of colors.

While I am in the park, I breathe fragrant, fresh air.
Riding on the seesaw, swinging myself up to heaven,
I feel free and tall.
My park makes me feel so happy!
My spinning top whirls and dances.
As it slides smoothly, no stone hinders its dance
or frightens it.
And if I carry my baseball, it's great fun!
And how fast time flies.
I feel that I am the best!
Whenever I throw it aiming high, straight to the stars,
there's no wind able to push it back.

In my park, the almond awaits, shelled within its pulp,
which happens to be its dress.
The spider weaves its castles,
and the chameleon disguises herself
till I gaze slowly and discover its true self
hidden in the landscape.

In my park, I meet new friends.
Children come from everywhere to play.
And, if the ice cream vendor arrives: tamarind,
pineapple, coconut, passion fruit, vanilla flavor in
cups or cones, sweeten my evenings.

My park makes me feel so happy!
Whenever my mommy says
that parks are made just for children
I don't feel like growing up.

RAIN LESSON

On a rainy winter day
I thought I'd seen a genie
riding on top of an airplane wing.
Staring at clouds, I saw snakes;
I saw a ghost among heavenly bed sheets,
rabbits, small chicks, and a magician with his wand
under a frosty hat.

I kept on watching and watching
the thick pearly clouds.
Some of them made fun of me,
some dark mad clouds yawned at me.

Then I saw dangling a colorful belt,
like a bow held by pillars,
made of orange, green, yellow, violet, blue and pink
shades;
drops like bright crystals through water trails.

And what is a rainbow ?
Bow of rain is its name, it appears
when the sun slipping through the clouds
reflects its light on the water
and seven colors are born
scattering through the dome of the sky.

Clouds are pretty.
Magical and simple is the rain and its song.
Whenever I see these wonders
I feel as if God were smiling
deep within my soul.

THE CLOCK, A NEW FRIEND

Because today is a holiday,
I want you to meet a friend.
It's the one that tells time
whether you're sleeping or awake.

They call it the clock.
It has three hands and twelve numerals
under a round glass.
–What could I do to make it work?
–It always turns right, watch it closely,
and soon you'll catch it's rhythm well.

–And does it play?
–No, it doesn't. It only counts time
as it divides into small parts the length
of your daily chores.
It puts everything in order.
It will tell you when to eat, when to bathe,
sleep, awake, or go to school.

–Does it ever sleep?
–No, It always watches.
Two big hands keep counting minutes and hours.
The small hand, which happens to be the fastest,
counts the seconds: days and nights, months and years,
winter and springtime, everything fits in its records.
–I had heard my daddy say that his time flies away.
And now, listening to you, I believe that clocks, like ants,
work unnoticed. And though this clock might be tired,
I am glad to be its friend,
because, as a story goes,
everything will be much easier
if I watch my time well.

MY FRIENDS

José, Gustavo, Isaías,
Tito, Miguel, Marianita,
Nilsa, Michelle, and Manuel
are my best friends.

I know everything about them.
Where they live, what they study,
what their favorite dish is.
Briefly, as my teacher would say,
what really matters.

It's fun to play.
With them I never get bored
because they sure know it all.
José, Gustavo, and Isaías are my favorites, my heroes.
I share with them toys and marbles with no sweat.
Tito, Miguel, and Marianita
are like older siblings to me.

Amigos

They tell me different stories,
share with me their food and goodies,
and they love me and care for me
and I love them and care for them.
Nilsa, Michelle, and Manuel
are the ones that grow with me
as I grow along with them.

They are my friends, the best!
The ones that know everything,
the ones that I know so well.
What they dream, what they invent;
everything that makes them special
or, as my teacher would say, what really matters.

WHERE DO CHILDREN COME FROM?

Today, I asked my mommy,
where do children come from?
Is it true that a stork carries them tied to its beak,
or they come from the clouds carried by heavenly angels?

For a while Mom kept silent, and after that she spoke:
–Darling, children are born from two small seeds
that mom and dad have near their navels.
Whenever those seeds get together,
a tiny egg is formed and mom carries it
within her belly for nine months in a row.

In it's fleshy crib, well kept and warm,
the baby starts getting big,
little by little it grows until a holiday comes.
Then, mommy feels a little pain and through her open legs,
a pretty baby, eager to see the world, comes out.

The same thing happens to mother hen, mother fish,
mother cat, mother turtle, mother stork...
Many pretty mothers carry within their wombs
those two tiny seeds of love,
and that's where children come from.
Do you want to know something else?

–No, mom, now I think I know it all.
But just in case I forget
I will rush to find my dad
and let him know what you've said.

THE CHILD AND FEAR

I am not afraid of the wind or the shadows.
because I know that fear is there,
only for those willing to see it,
and I don't want to see it.

When I was small,
I was afraid of everything:
Of monsters and spiders, of burials and ghosts.
When October came along and in my school
people talked about witches,
or discussed Halloween,
I acted cowardly, fear seized me.
I was afraid of silence, I feared being alone.

When I was small,
I was afraid of darkness;
I imagined teeth and snouts roaming the moon,
hollowed mirrors and snakes crawling over trees.

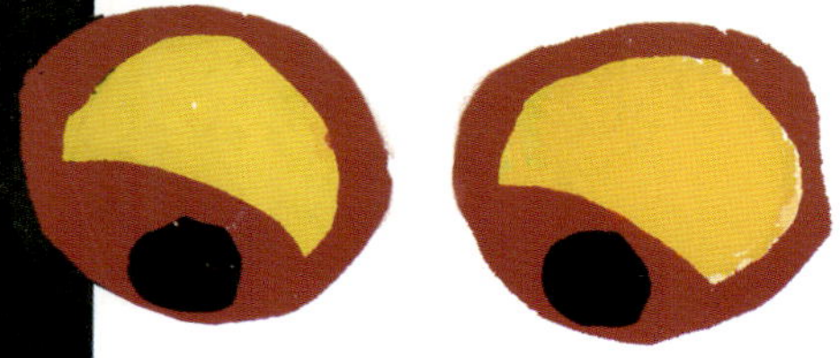

I did not know about good fairies,
about sweet words and thoughtful beings.
Those that watch and keep us while we sleep.

Now, I am not as small as I was.
I am growing up and hardly ever get scared.
Whenever I go to sleep, I think of happy sounds,
of pretty things, of the hug of a dear friend.

Now, I am not afraid of the wind.
I am not afraid of shadows.
There is no place for fear where I live.
'Cause now I know that fear does not exist,
and if it does exist, I'll keep away from it.

A RIDDLE

It's not the bottom,
it's not the edge,
and yet it covers all.
In the cold weather, it is cold,
in the hot weather it is warm.
It seems like a pretty glass castle,
through it I breathe, with it I laugh.
And... what is it, what could it be?
If you can't guess, I'll tell you.

It lives in darkness
and in brightness,
in the corner of an empty park
or in a park crowded with kids.
If the wind blows and shakes it's frail
crystaline bones,
everything dances and sways with it.

And when it's blurred by the rain.
It dozes over dewdrops.
And... what is it, what could it be?
It never goes or stays.
No one can see it, but it's always there.
If you can't guess, I'll tell you.

If you inhale it, it doesn't smell at all.
If you try to grab it, it dissolves.
Yet, it is there when all is gone.
This lovely castle is the air.
Through it I move, I laugh with it.
Through its clear windows I can look.

It is the air, the air you breathe,
the air that I breathe, too.

MY PETS

I love animals. I like anything that's small.
I own a cat, a dog, a rooster, a fish, a turtle, and a frog,
They are my dear pets, and they play with me and live
in the backyard of my home.
But that's not important.
What is worth knowing is that I learned
that roosters, dogs, and cats are born as I am on the earth.
But fish and frogs are different from us.
They are either born or live in the water.

Some of them run using their legs,
some of them move using their wings,
some of them bite using their teeth,
some of them gulp down and swallow,
and a few of them can fly.
–Those are the birds and my rooster,
whenever it's annoyed.–

Those are the ones that do not belong
in the water, or on the earth.
Like butterflies and some spiders,
they only move through the air.

But that's not important, that's not really what matters.
What matters is that they love me.
And that whenever they feel I'm near,
the frog, the fish, and the turtle greet me, playing in the water.

What matters is that I love them,
and that when I come back from school or just from a walk,
they all come to me, showing that they've missed me
through kisses and hugs.

Whether they live on the earth, in the water, or in the air,
I love them, they are my best friends. They never leave me.
They are good companions, my cherished pets.
And they play with me and live in the backyard of my home.

SECRETS FROM MY KITCHEN

There are a few things that I don't understand
in the kitchen of my house.
Things that seem to be magical and misterious.
If I were smaller, I wouldn't believe
when people tell me that within an ice cube
lives a tiny water pond.

And when mommy heats my soup in the microwave oven,
it's not easy to understand that inside that airtight box
small lights bubble constantly,
roasting and boiling everything,
and if they weren't locked in the oven's belly,
they'd spread all over, unseen.

When I eat lemon, cinnamon or chocolate cookies with raisins,
I know that I'm eating fruit pulp,
the seeds and the skin of plants and trees.

Grandma told me that, and she does know.
There is no one on the whole planet
who can make better cookies than my dear Granny.

It's not easy to think about it,
but things happen so.
In the kitchen you can find all sort of things:
machines to heat, grind, shake, slice, and toast,
There's even one that warns you when food is ready
by ringing an alarm clock.

But that's not easy to understand;
if I were smaller I wouldn't believe a word,
But now, since I'm growing up,
daddy, mommy, and my teachers help me to learn
the secrets of the kitchen that dwell in my home.

UPSIDE DOWN

What would happen on the planet
if all things were upside down.
The sky would be the land,
the land would be the sky.
We would be walking among stars,
birds and clouds; our feet would float.

If all things were upside down,
we would be born old and tall,
and gradually we would turn
into small beings.

And the rain, what would happen to the rain?
Rain and lightning would climb up.
Trees and flowers would look down,
they would show petals and tops,
not their stems, not their trunks.

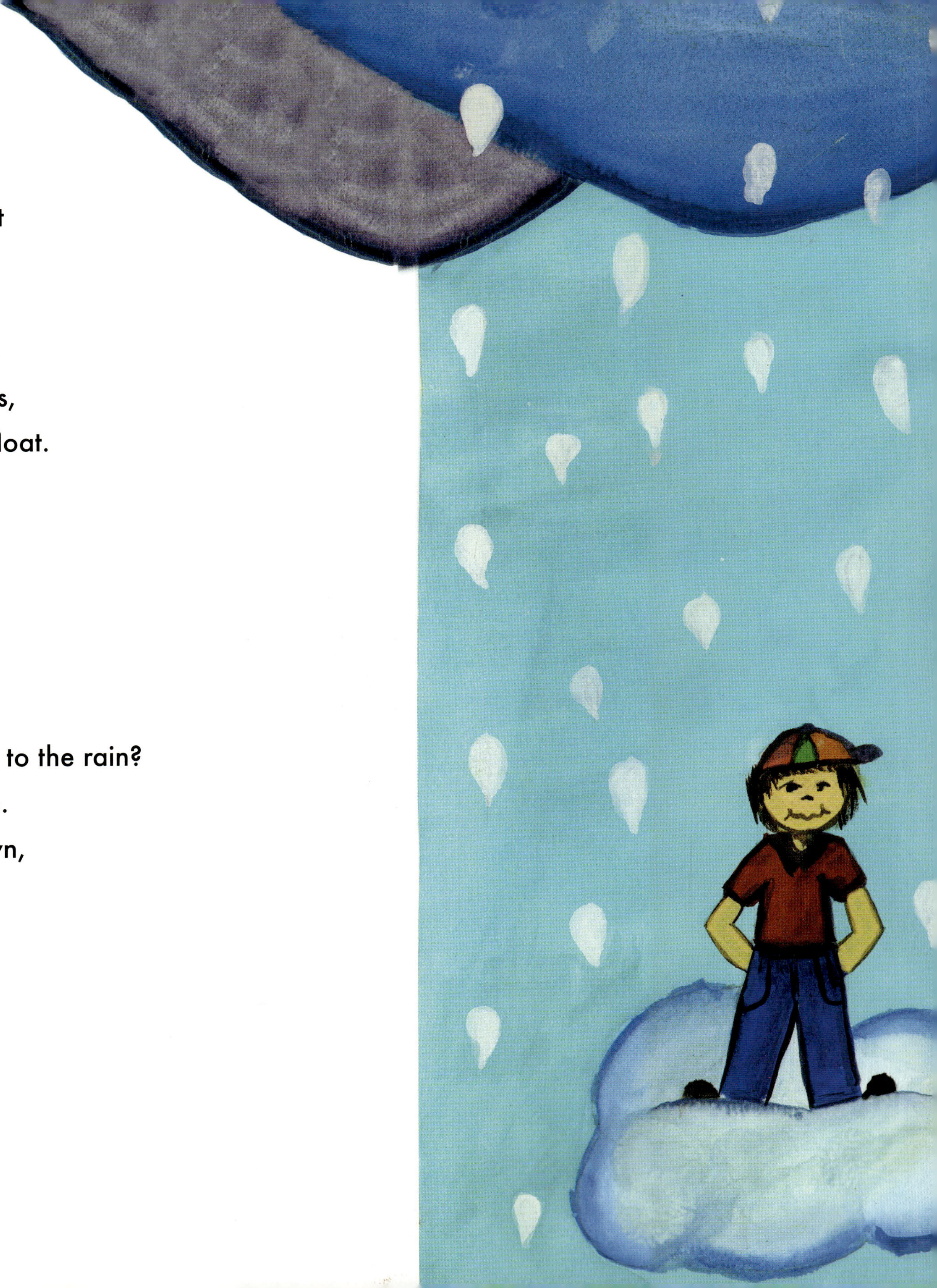

And at the park on field days
It would be better to lose,
because losers would be winners.
Where it's cold it would be warm,
where it's hot it would be cold.
And everything would be boring
quiet and colorless.

Now that I think about it, I prefer
things to be the way they are now.
If all things were upside down,
I would be dizzy from head to toe.

I WANT A BLUE NIGHT

Since December is so near
and soon Christmas will be here,
I know they'll be questioning
what will I want as a gift.

And I don't know what to tell them,
'cause I think they won't believe me
when I tell them what I want.
Because it's so hard to get what I need, what I ask for,
it would be easier to lick your own feet.
It's not a wooden truck.
It's not a ship with a guard.
It's not marbles or sun glasses.
It's not a bicycle or a drum.
It's so unique, what I want,
that they don't sell it in stores.
You cannot buy it with money.

I'm going to say it in a low voice,
'Cause yesterday someone told me
that if I say it out loud, I'll never get it.

I want a blue night, as blue as the sea.
An endless, pretty night to be able to play.
I'll play in the morning, in the evening, night and day.
For when I have a blue night, I believe
I'll have the joy to play endlessly.
And if it happens that I fall asleep, I'll keep it under my pillow,
And when I awake, I know that its shine will brigthen my mornings,
evenings, and nights every day and every other day.
Because there's nothing as sad as living a life without games,
I want a blue night, to play and play and play.

Suggested Activities

1. Before reading the poems to your child, show the cover and read the title. Ask the child to give his or her opinion about the title and describe how he or she imagines a blue night. Also read the "Message to the Reader" to introduce the child to the magical world of poetry.

2. During the reading of the poems, let the child look at the image that accompanies each text and describe it.

3. Read each poem with the appropriate intonation. Talk about emotions the poems deal with – happiness, fear, satisfaction. While reading, observe the pauses marked with comas, semi-colons and periods. Stress the lines that have question marks and exclamation points. In doing so, you will be helping the child capture the musicality, the rhythm and the metrics that are intrinsic to each poem.

4. After reading each poem, ask questions related to the theme of the text.

    - If the poem deals with natural places, such as the beach, point out the use that is made of these areas and talk about the importance of protecting these natural resources.

    - If the poem deals with places of entertainment, such as parks, explain to the child that it is important to exercise and enjoy themselves so that their health will remain good as a whole.

    - If the poem deals with themes related to childhood situations or emotions, such as fear of the dark, take the opportunity to learn about the emotions of the child. In talking about the situation, begin by explaining that such emotions are natural, that you have felt them at some time, too, and that you managed to overcome them, little by little. Help the child not to feel ashamed to express what he or she feels.

5. After reading the poems, encourage the child to choose a topic that he or she likes and write a poem about it. Use the dictionary and help the child find appropriate words to express what he or she wants to say. Teach him or her to use the dictionary and suggest that he or she look up words that rhyme with the ones he or she already has.

   Ask the child to make a drawing using color to complement his or her poem. Read the biographical data of the illustrator and point out her age. Ask the child if he or she has a particular artistic interest and look for ways to cultivate this talent.

Sobre la autora

Magaly Quiñones nació en Ponce, Puerto Rico en 1945. Posee un Bachillerato en Artes (BA) con concentración en Literatura Inglesa, y una Maestría (MA) en Literatura Comparada. Hasta la fecha ha publicado once libros. Muchos de sus poemas, ensayos y cuentos se incluyen en antologías, índices y revistas de Estados Unidos, Latinoamérica y Europa. Además, varias de sus poesías se han transformado en canciones infantiles. Entre las distinciones y los premios que ha recibido por sus trabajos, se destacan el Premio Mairena, el Premio PEN Club y la medalla del Instituto de Cultura Puertorriqueña.

About the author

Magaly Quiñones was born in Ponce, Puerto Rico in 1945. She has a BA in English Literature and an MA in Comparative Literature. She has published eleven books. Her poems, essays and short stories have appeared in multiple anthologies, indexes and journals of the United States, Latin America and Europe. Some of her poems have been transformed into children songs. Among the prizes and awards obtained by this author are Mairena's Poetry Prize, the PEN Club award and a medal conferred by the Instituto de Cultura Puertorriqueña.

Sobre la ilustradora

Stephanie Lee Silva del Toro nació en Mayagüez, Puerto Rico en 1990. Es estudiante de honor en su escuela y, además, cultiva el género del cuento. Le encantan las artes manuales y demuestra gran habilidad en varias de ellas. Sus primeras clases de pintura las tomó a la edad de cuatro años y sus obras artísticas le han merecido premios a nivel nacional. En el año 2004 ilustró el libro bilingüe *Mi mundo / My World*, de Magaly Quiñones. Por su trabajo, recibió el aplauso de la crítica, dentro y fuera de Puerto Rico.

About the illustrator

Stephanie Lee Silva del Toro was born in Mayagüez, Puerto Rico in 1990. She is an honor student and she likes to write short stories. Stephanie is fond of arts and crafts and has proven to be very artful in many of them. She has received painting lessons since she was four years old. In 2004, she illustrated Magaly' s book *Mi Mundo/My World,* receiving praises from the critics inland and continentally wise.

Quiero una noche azul

Texto: Magaly Quiñones
Ilustraciones: Stephanie Lee Silva del Toro

Revisión de traducción: Elizabeth Hernández,
Rose Marie Santiago Villafañe y Richard Román Spicer
Impreso por: Editorial Nomos S.A.
Impreso en Colombia - Printed in Colombia

ISBN: 978-00-8477-0732-4

Coordinación editorial: Eunice Castro Camacho

Diseño y diagramación: Marnie Pérez Molière

La Editorial
Universidad de Puerto Rico
Apartado 23322
San Juan, Puerto Rico 00931-3322
www.laeditorialupr.com